divers

PEDRALBES
centre

COMRàdio

Crèdit Andorrà

Andorra

SOLDEU EL TARTER

7...

Universitat
Autònoma
de Barcelona

15...

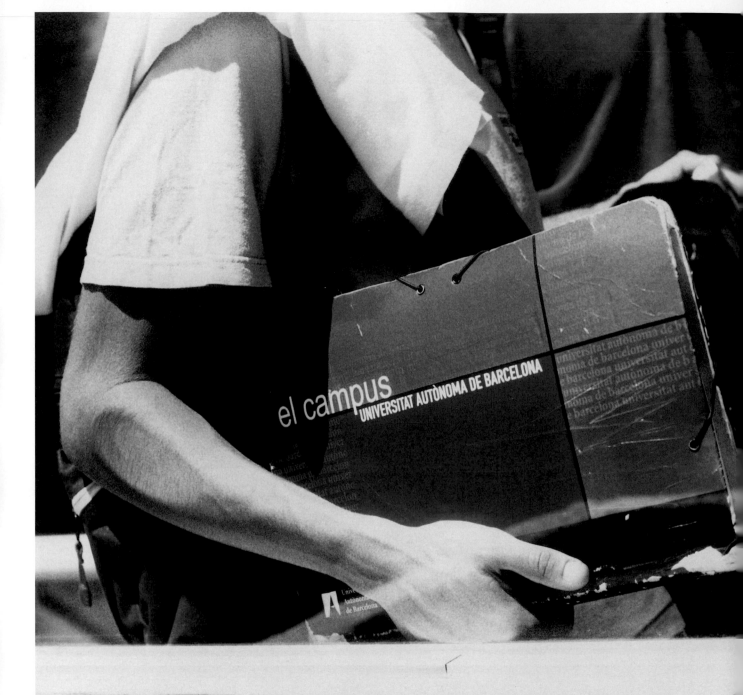

21

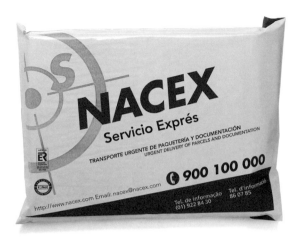

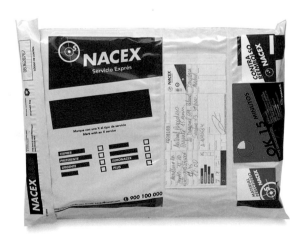

divers

25

31...

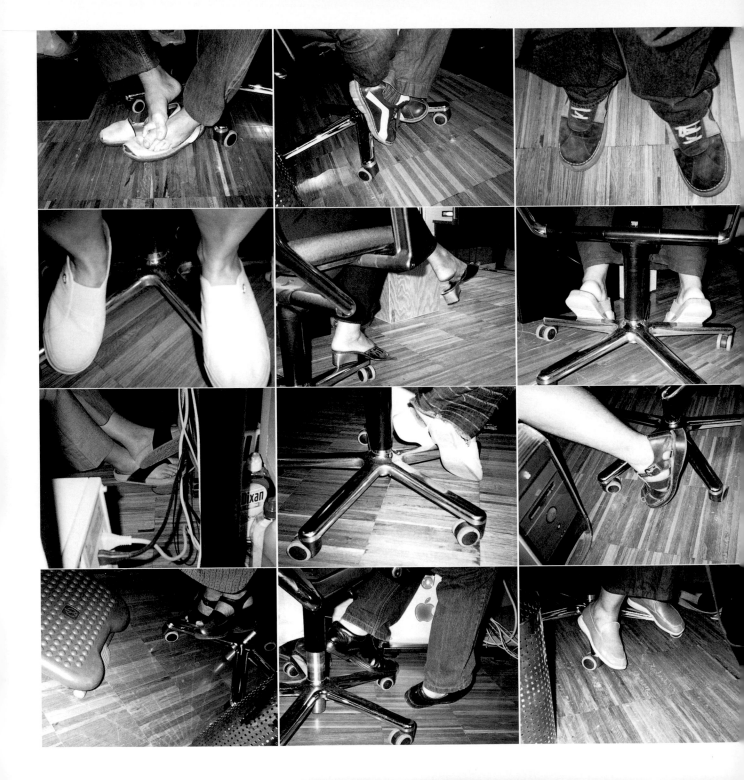

45...

   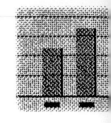

   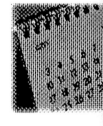

53...

59...

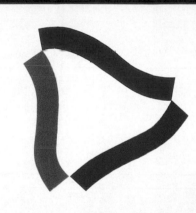

Andorra

EL PAÍS DELS PIRINEUS

SOLDEU EL TARTER

65

SOLDEU EL TARTER

SOLDEU EL TARTER

SOLDEU EL TARTER

71...

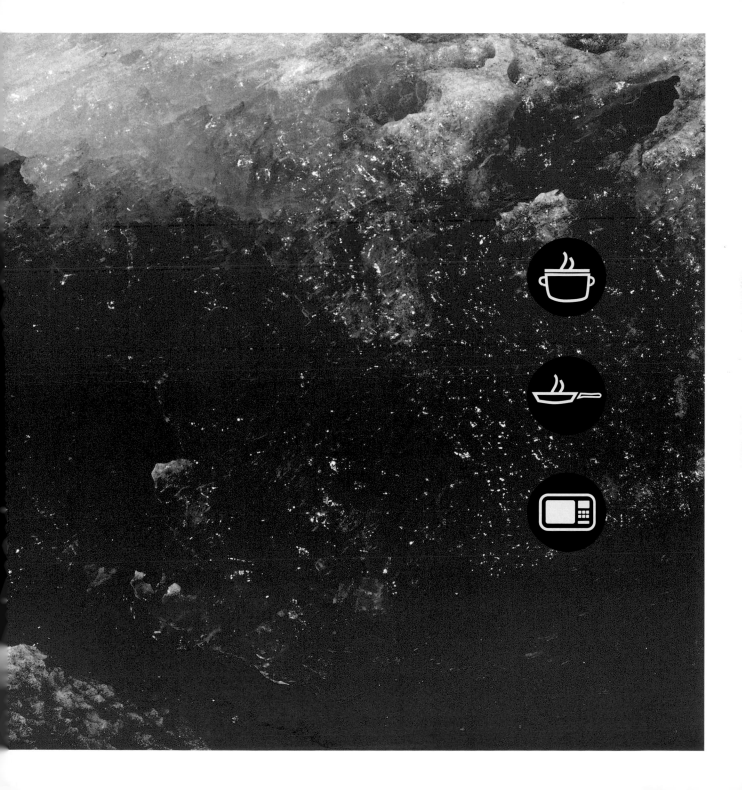

77...

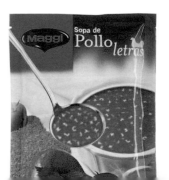

MAGGI
MEDITERRÁNEA
Arroz Negro

Más Sabor

435 g

7'

Maggi

Platos de Hoy
Espinacas a la Crema

400 g

MAGGI
MEDITERRÁNEA
Fideuá

435 g

7'

Maggi

Platos de Hoy
Pisto de Verduras

400 g

MAGGI
MEDITERRÁNEA
Risotto de Setas

410 g

7'

Maggi

Platos de Hoy
Sopa de Pescado

500 g

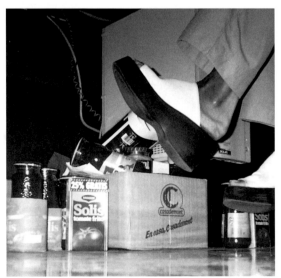

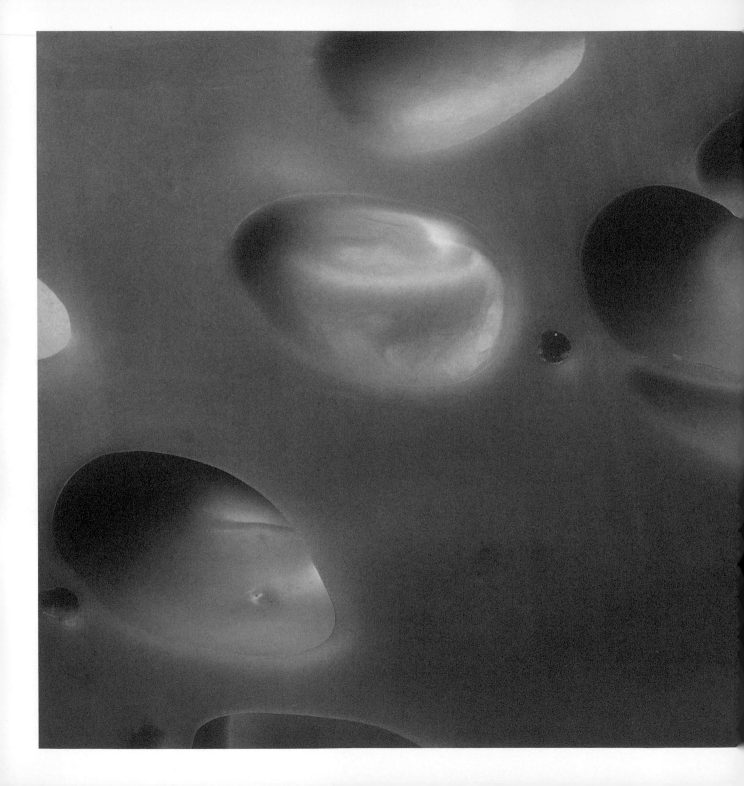

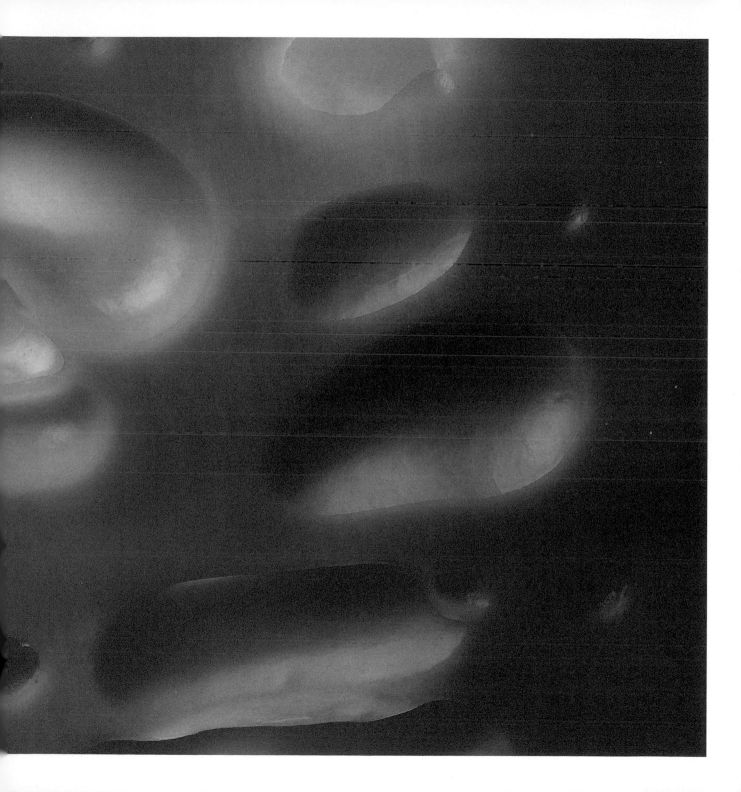

850 grs.

PANRICO

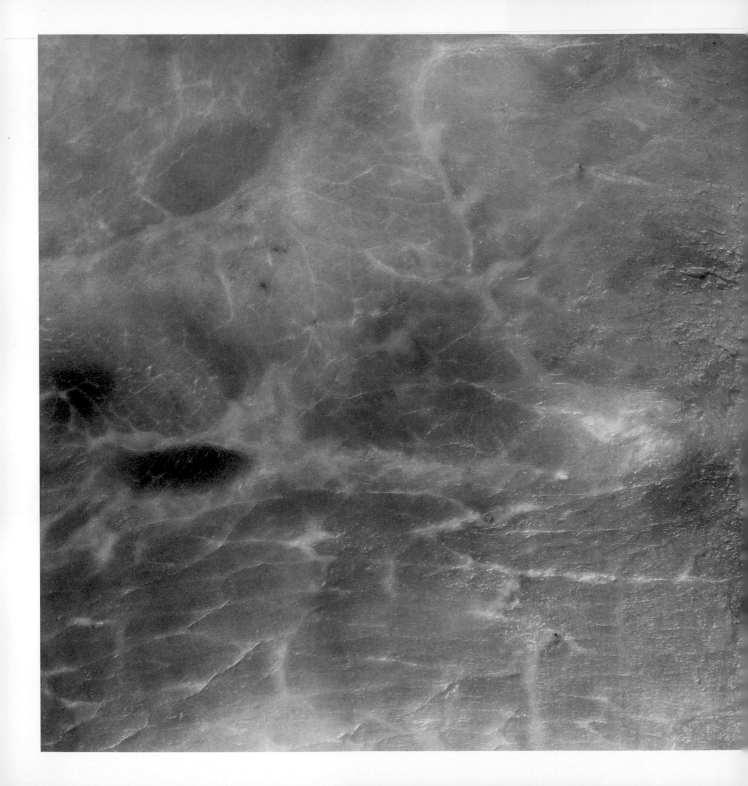

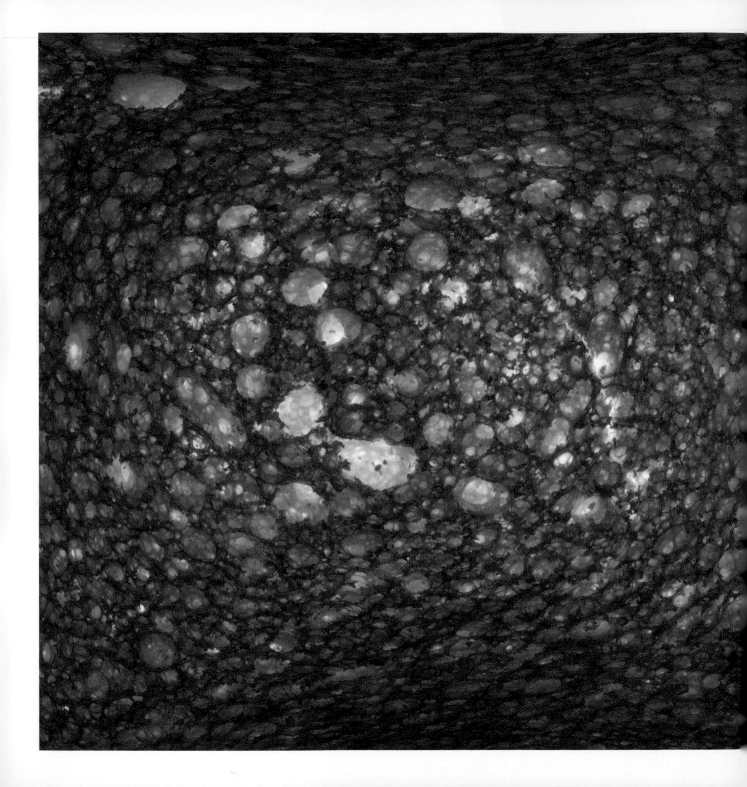

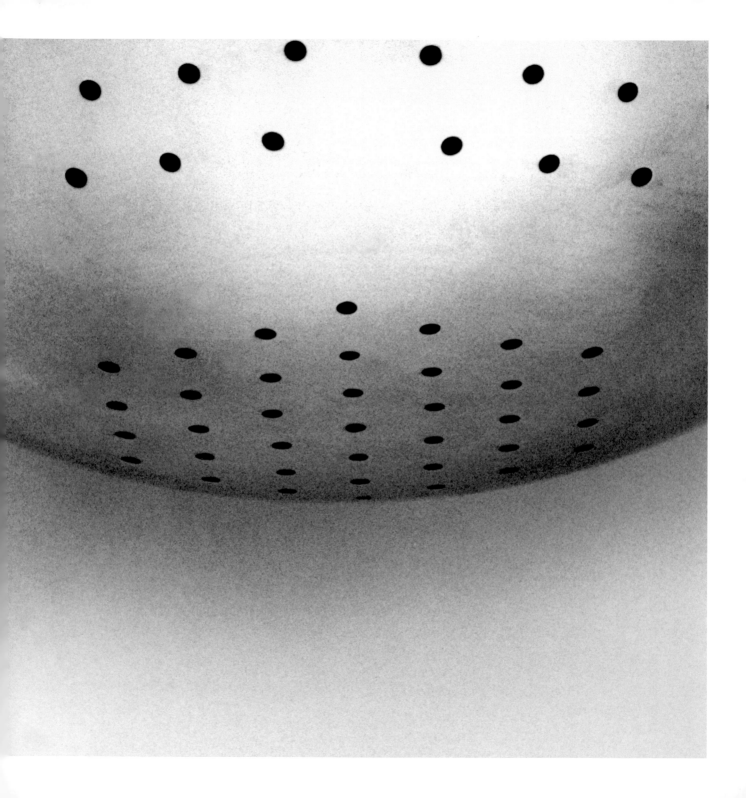

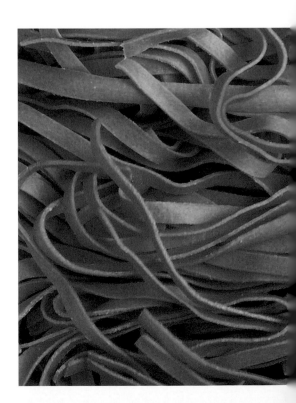

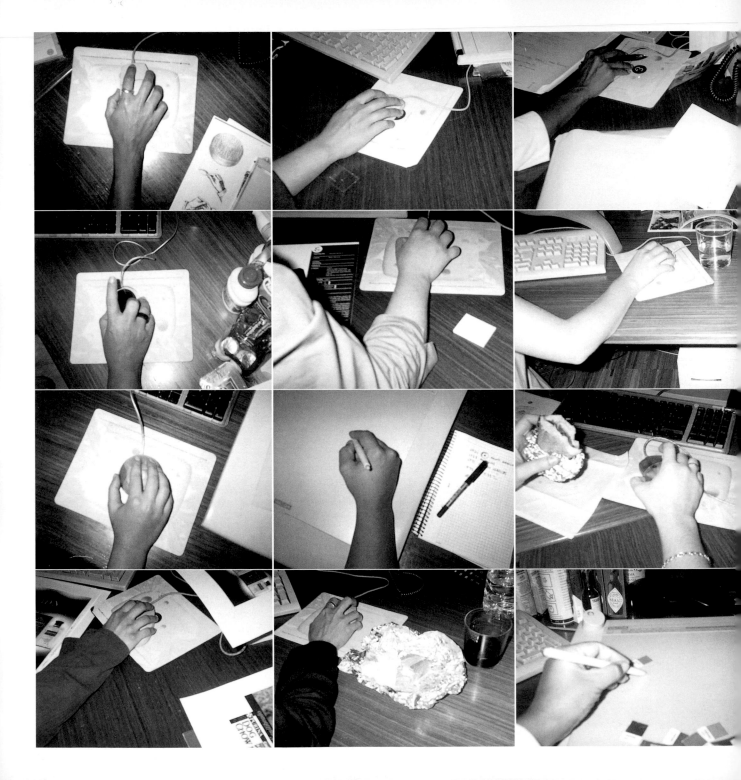

105...

EDENsan!
01
HEP

EDENsan!
20
PES

EDENsan!
05
DIG

EDENsan!
Llantén
852

EDENsan!
Tomillo
865

EDENsan!
Anís estrellado
807

EDENsan!
Manzanilla romana
818

EDENsan!
MAX

EDENsan!
903

EDEN
FITOMIX
125

EDENsan!
207
CIR

EDENsan!
Hipérico
277

EDENsan!
07
CIR

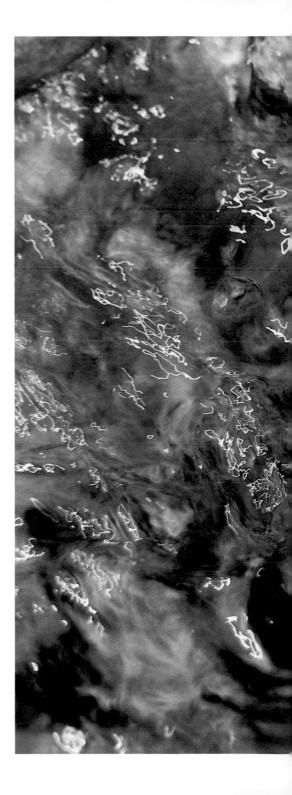

CORTEZAS
DE TRIGO

PRYCA   60g

TIRAR AQUÍ   FÁCIL DE ABRIR / FÁCIL DE CERRAR

QUESO
EMMENTAL
rallado

PRYCA   200g

100%
EMMENTAL

123...

131

Lindt
TRUFFINA

LECHE · LAIT
relleno · fourré
de trufa · à la truffe

Lindt
PRALINÉ

LECHE · LAIT
relleno · fourré
de praliné · au praliné

Lindt
PRALINÉ Y GAUFRETTE

BLANCO · BLANC
relleno de praliné · fourré, praliné
y galleta gaufrette · et gaufrettes

Lindt
TRUFFÉ FONDANT

NEGRO · NOIR
relleno · fourré pâte à
de trufa · truffe fondante

Lindt
PISTACHO

LECHE · LAIT
con pistachos · avec des pistaches
enteros · entières

Lindt
ORANGE

NEGRO · NOIR
relleno · fourré aux
a la naranja · zestes d'orange

LINDT & SPRÜNGLI
MAÎTRE CHOCOLATIER SUISSE DEPUIS 1845
Lindt
EL BOMBON

137

Carlos I. La más secular tradición. La excepcionalidad de sus holandas convierte a Carlos I en un ejemplo único de calidad, la más elevada de los Brandies Pedro Domecq.

143...

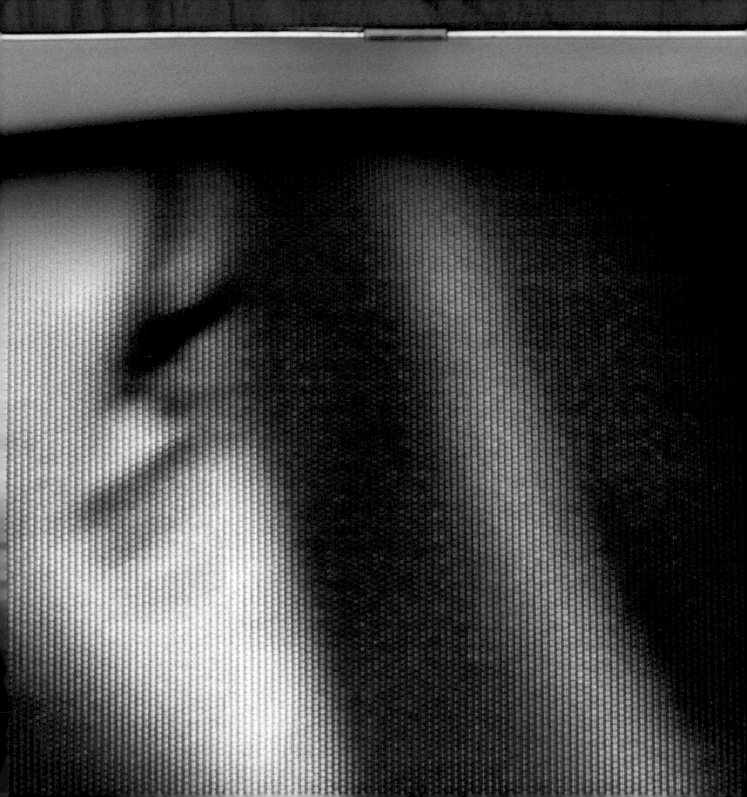

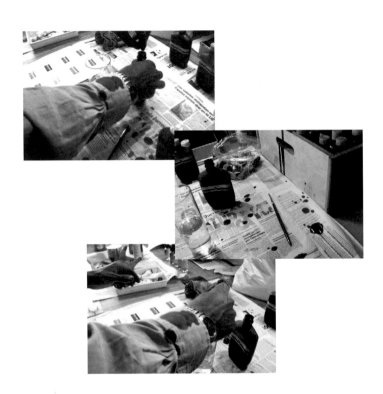

155...

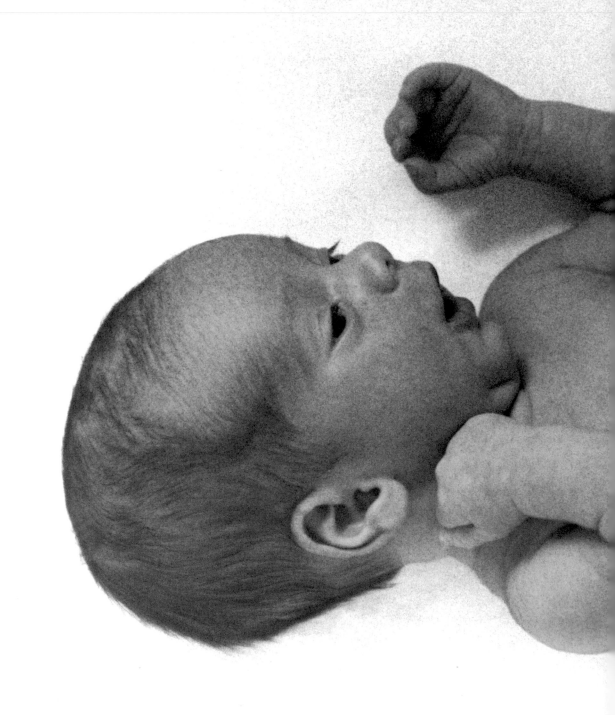

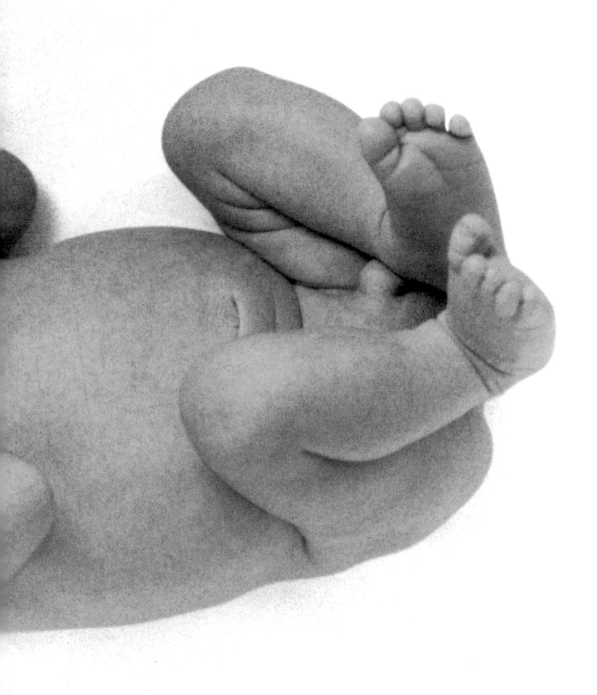

167...

1

 2

 **2**

175

181...

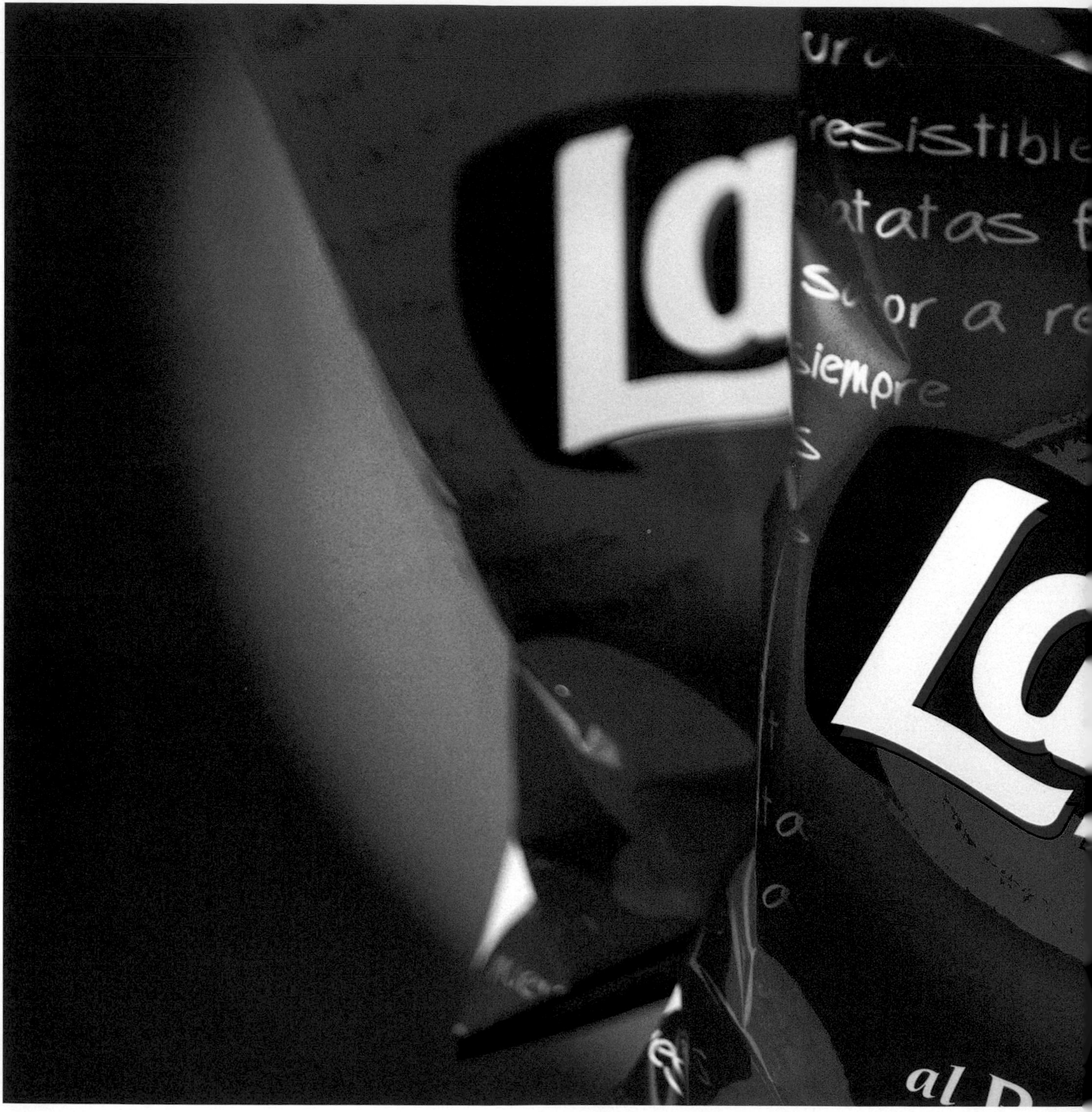

siempre

e con las

hecho sin congelar

frescas las

irresisti

mó

JS
BRAND
®

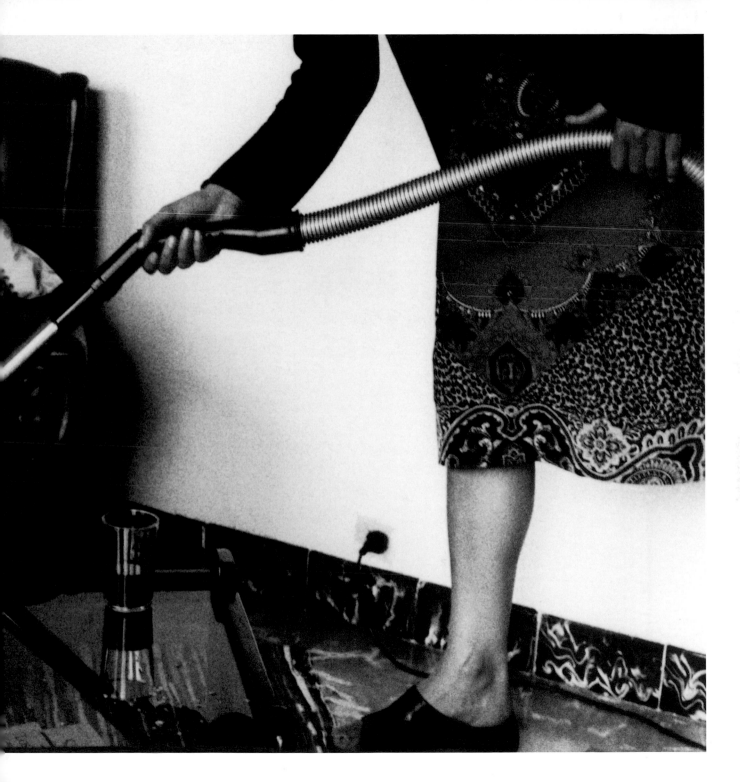

CAFÉ SOLUBLE / NESCAFÉ CLASSIC DESCAFEINADO

¡Una forma rápida y feliz de empezar el día!

"Nescafé" tiene todo lo que el café
tradicional... ¡y mucho más!
"Nescafé" está hecho con los mejores
granos de café, es café 100% y tiene
el auténtico aroma y sabor de granos
recién tostados. Pero, además, "Nescafé"

LOS MEJORES GRANOS HACEN EL MEJOR CAFÉ
¡Y NESCAFÉ LOS TIENE!

100 tazas de puro café en cada frasco de 200 gr de Nescafé.

En un frasco de 200 gramos de
"Nescafé", hay café para
preparar 100 tazas de puro café.
Solo, con leche, cargado o suave.
Y conociendo siempre,
al gramo, el gasto de cada taza.
¿Es caro Nescafé? Calcule.

Nescafé, café puro 100 %

NESCAFÉ café instantáneo NUEVO

¡Por fin!

Ya está
a la
venta

Venciendo las dificultades de
aprovisionamiento y aportando
los máximos adelantos a las
instalaciones de nuestra Fábrica
de La Penilla (Santander), al fin
podemos ofrecer NESCAFÉ a
todos los consumidores que
gustan del buen café

NESTLÉ
EXTRACTO DE CAFÉ PURO
EN POLVO

NESCAF

Extracto de café puro en polvo – ¡Caf

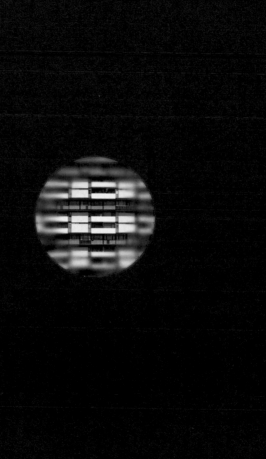

PALAUET DIAGONAL-MINERVA
Av. Diagonal 464, 08006 BARCELONA
Tel. (+34) 932 922 070
Fax (+34) 932 922 071
pack@morillas.com

Dr. Arce 14, 28002 MADRID
Tel. (+34) 917 610 257
Fax (+34) 915 612 987
madrid@morillas.com

NCEPT: MORILLAS & ASSOCIATES, LLUÍS MORILLAS, JOAN FORNÓS, CRISTINA BENEJAM, FRANCESC RIBOT, XAVIER CUIXART / NENÉN RUIZ / JORDI DURÓ · CREATIVE DIRECTOR: NENÉN RUIZ · ART DIRECTOR : JORDI DURÓ ·
APHIC DESIGNER: SUSANA PUIGGRÓS · PHOTOGRAPHERS: JOAN ARGELÉS / XAVIER DE LA CRUZ / XAVIER GALÍ /ALBERT HERAS / MISHA KOMINEK / PACO Y MANOLO / JOSÉ LUÍS PELEGRÍN / TONY PUTMAN / RAFAEL VARGAS ·
ITAL IMAGING: MORILLAS & ASSOCIATES, PEP BADÍA · PRINTING: ESPARBÉ S.A. PRINTED IN SPAIN · D. L.: B-40615-2001 · SPONTANEOUS COLLABORATORS: HOTEL PRESIDENTE, CARMEN HERRERO AND MR. MORENO / ILUMATIC,
EL / RAÜL / CARLOS / MARIO / LUCÍA / ERIC / PAULA ORTIZ / PAULA TALAVERA / DIDAC / JUDITH / ADRIÀ / SERGI / FRANCISCA / MARÍA JESÚS / ELENA / PASCUAL / CONCHI / GINA RUIZ / MÒNICA RECASENS / EULÀLIA BOHIGAS /
OL CASTANYS / NINA HERAS / XAVI MIRÓ / JORDI MERÍ AND SPECIAL THANKS TO THE BABIES ANNA AND NIL AND TO DUNGA THE CAT. © 2001 MORILLAS & ASSOCIATES · ISBN: 84-89994-54-4